Wie ein Lächeln

1. Auflage, München, 2003

Alle Rechte, auch an der Schrift, liegen beim Autor.
Herstellung: Books on Demand GmbH
Schriftsatz, Umschlaggestaltung: ugsrb
Schrift: 12-R-1
ISBN-Nr. 3-8330-1158-0

Wie ein Lächeln

Gedichte

Ulrich G. Suerbaum

Für Augenblicke und länger
dein Gesicht
in Licht geprägt.

Tanz der Schmetterlinge
im Spiel des Windes
flüstern die Augen.

Eine Spur von Berührung,
das Schlagen der Flügel
auf der ausgestreckten Hand.

Die Lider gesenkt,
ihre Leichtigkeit atmet,
lebendig und zart.

Nichts als ein Hauch:
Ein pochendes Herz,
voll Blütenstaub.

Dein Duft schwebt im Raum,
flüsternd zerstäubte Gischt.
Mein Treibgut, fliegend leicht.

Klang füllt die Segel mit Leben,
entfaltet meine Flügel.
Deine Stimme eine offene Hand.

Angst und Salz auf meinen Lippen,
ein Hauch auf meiner Haut,
dein Atem, der mich berührt, Sturm.

Das Meer liegt vor mir.
Ich breite die Sterne aus.

Ich streichle über deine Haut,
glatt und warm.

Dein Raunen
zwischen den Klängen.

Und unser Schatten
in der Dunkelheit.

Die Nacht umfängt mich,
wie ein Traum, ein fremdes Land.

Von den Klippen,
das Meer, unter mir.

Tosen der Brandung,
das Rauschen, ich falle.

Die Tiefen deines Dufts,
tauche ich ein.

Wie ein Schlag
deine Nässe.

Rhythmus der Brandung,
ebenmäßig dein Atem
und sanfter Wind: Du schläfst.

Dein Gesicht mit Kindheit gemischt,
kleines Mädchen, das auch du bist,
sehe dich an.

Offen und ungeschützt,
die Verstecke verlassen
und unerreichbar doch.

Und ich küsse dich
und hoffe, daß du nicht aufwachst
ohne mich.

Der Geschmack von Kaffee,
Milchschaum von den Lippen,
Küsse im Mundwinkel.

Halbwacher Morgen,
nach einer langen Nacht
und wenig Schlaf, blinzelnd.

Mit lachenden Augen,
Strähnen im Gesicht,
durcheinandergebracht.

Daß du hier bist bei mir,
noch lichtempfindlich,
und Freudenstrahlen.

Mit Kinderschaufeln
auf Schatzsuche,
deine glücklichen, lachenden Augen.

Schatten unter den Bäumen,
Wind berührt die Blätter,
nur ihr Rauschen
im wandernden Sonnenlicht.

im wandernden Sonnenlicht

Gold bis hin zum Horizont,
im warmen, späten Nachmittag,
das Licht über entfernten Bergen.

Dort, die Sonne versinkt,
zwischen den Wolken,
letzte Strahlen für uns.

Dann, der Himmel verblaßt,
nur ein Schimmer aus Farben,
ein dunkler Klang.

Aufleuchtend,
in deinen Augen
die Geburt der Sterne.

Die Welt schält sich
aus den Schatten,
aus dem Dunkel
erhebt sich das Land.

In Mondlicht getaucht
Rauhreif über Nebeltälern,
schneebedeckte Felder
im Glitzern der Eisblumen.

Die Blüten der Sterne,
zur Erde gefallen,
unberührter Glanz.

In den tausend Spiegeln
das Versprechen einer Nacht:
die Stille wartet, weiß in weiß.

In meinen Händen
rote Perlen
auf weißem Samt, kostbar.

Schimmernde Haut,
der Berührung gefügt,
pulsierende Spannung.

Glatt gestrafft
stockender Atem
und Strahlen der Wärme.

Verborgener Glanz
öffnet sich sanft
unter meiner Zunge.

Flammenzungen, Glut
strömst an mir entlang

die Berührung, brennen
gleitest über mich

flüssiges Gold, deine Hitze
schmelzen die Himmel

durch meine Haut, du versinkst
verzehrst die fallenden Sterne

eine Schale Milch
verschüttet in das Dunkel

das Geräusch deines Schattens
in den Stimmen der Nacht

geborgen in Schlaf
deine Gestalt beginnt

wie unberührt
vergessenes Licht

Verwoben mit der Zeit,
das Netz entworfen,
von Leben durchströmt.

Seidene Fäden, wie eine Ahnung
verfängt sich ein Klang,
ein schwebendes Muster.

Farben der Helle,
das Glück gewebt
ist ein schimmernder Schleier,

Spiegel meiner Zukunft,
lebendig und nah:
der Glanz deiner Augen.

Als ob wir bleiben
und die Erde sich dreht,
Landschaften unter uns
und gleitende Wolkenrücken.

Getaucht in Licht und Dunkel
ein unbewegter Fluß
von schwebender Klarheit.

So vieles passiert,
an Bergen, an Wasser und Leben,
Gefühle, gestochen scharf.

Sie ziehen an uns vorbei,
Herzschläge im Sonnenwind,
die Inseln der Zeit.

Rauschen der Dämmerung,
schwebender Klang
im Anbruch der Dunkelheit.

Der Duft der Nacht
treibt über das Abendmeer
und Sterne vergessener Himmel.

Uns, die wir träumen
und uns, die wir tanzen,
tanzen unentwegt.

Fließende Zeit,
den Blüten gleich
trägt sie uns mit sich.

eingeritzt in das Dunkel
verwoben in die Nacht
langsames Kreisen

Zeichen kommender Tage
verschwimmen die Sterne
in der Dämmerung

mit den Wellen
das Licht des Morgens
das sich öffnet

wie ein Lidschlag
einen Augenblick
aufgehoben

Die Gunst der Götter -
in ihrem Glanz gestrahlt,
bis zur Neige ausgeschöpft,
jede Vorsicht außer Acht.

Habe meine Bitten dargebracht,
voll kostbarem Stolz:

Eine Welt von Hoffnung und Stärke,
ein Fest gemeinsamer Freude,
Leben und Atmen und Lachen
aus tiefstem Herzen.

Das Licht schmerzt noch in den Augen,
die Helligkeit so ungewohnt.

Wünsche sind schneidende Messer,
scharf bis aufs Fleisch.
Unsere Körper gezeichnet von ihrer Spur:
Wir entstammen unseren Träumen.

Und der Traum öffnet deine Augen,
schenkt ihnen seine Strahlen.
Die Berührung eines Zaubers.

Zeichnung

ein Gefühl,
zu wissen was kommt
gar nicht,
weil es meine Wahl wäre
eher im Gegenteil:
sondern so
wie man Wasser fallen sieht

Ich spüre nicht mehr
als dein Gesicht
in meiner Hand.

Wie ein Schatten
legt sich Stille
über deinen Blick.

Verschlossene Lider
und dunkles Licht
tanzt unter deiner Haut.

Fließender Brunnen
trinkt den Schmerz
aus den Augen.

aufgelöst

Noch steht die Zeit an deiner Seite,
löst sich nur langsam aus deinen Händen,
geht fort mit uns.

Wie wird es sein, zu spüren,
wie sehr du nicht mehr hier bist,
wie wird es sein, dich zu vermissen.

Noch steht die Zeit
an deiner Seite.

Bilder im Rückspiegel. In greller Schärfe
die Hoffnungen beraubt,
für Augenblicke gekauft Erinnerungen,
die am Straßenrand stehen.

Den Blick wegwendend, wie geblendet.
Die Hände ohne Zusammenhang,
im Dunkel treibende Bruchteile,
schmerzblind schwelt die Verzweiflung.

Die Zeit geht über uns hinweg.
Mit ihr reisen. Fort.
Fahrtwind streicht das Haar.
Glas in den Augen.

was eingeschrieben bleibt

Gestrandet in der Einsamkeit.
Wo die anderen Schatten sind
oder unerreichte Sterne
in der Kälte des Raums.

Taub geworden jeder Sinn,
ist verloren im Nebel
die Welt nur ein Schleier,
kein Gefühl, das bleibt.

Stumm. Als ob die Zeit
zerbrochen sei.
Das Leben ohne Fügung.

Tränen. Augen voll Ertrinken.
Unentrinnbar. Undurchdringbar.
Alles, alles ohne Grund.

unsere Träume
alle Vergangenheit
verlorenes Licht
in die Winde zerstreut

Sonnenwenden

vergebens geträumt
eine losgelassene Hand

Der Regen,
schlägt an das Fenster,
strömt durch mein Gedächtnis,
empfindliches Glas.

Fallende Tränen
zersplittern an den Dielen,
der Boden
von Träumen durchtränkt.

Ich öffne die Flügel,
das Schweigen pulsiert.
Verlassener Palast
und kalte, frische Luft.

Auf eine Gelegenheit warten
und sie vergehen sehen,
ungenutzt, ein weiterer Tag.

Die dünne Haut zu den Träumen,
tastbar und ungeboren,
wie eine Wand.

Undurchdrungen die Stille.
Ohne Zukunft, ich weiß.

Keiner antwortet,
was mich hier verloren hat.

Sind unsere Gefühle Jahreszeiten,
Sommer und Herbst,
erster Schnee nach der Trennung,
gefrorene Tränen, Winter?

gefrorene Tränen, Winter

Unsere Gefühle, vakuumverpackt.
Luftentzug und eingeschweißt.
Aber Klarsichtfolie.

Fehlt nur der Preis.

unsere Gefühle, vakuumverpackt

Vieles, was zurückbleibt.
Fallengelassene Worte,
ein stummes Herz,
achtlos und unbedacht.

Schweigsam auch die Schatten,
die mir geblieben sind.
Schatten eines Zweifels,
Schatten meiner selbst.

Und Spuren von Kälte
in einem leeren Spiegel.
Regen fast, der mit mir zieht,
von Zeit zu Zeit.

Die Schachtel mit Photos,
meine Bilder zwischen den anderen,
wie um dich zu schützen
vor dem Vergessen.

Manchmal hervorgeholt,
noch seltener erzählt,
leise Schmerzen in der Stimme,
hatte dir gehört, sehr.

War wie alltäglich, schwer zu erzählen.
Erinnern ist keine Erzählung.
Gefühle, Möglichkeiten, unbenannt.
Was war lag irgendwo dazwischen.

Namen dafür erst im nachhinein,
folgsam die Geschichte, notwendig,
eine von vielen, wie andere, auch.
Nun ja: Wir opfern unseren Wünschen.

Opfer

Ich gehe mit dir
am Strand entlang,
spätes, träumendes Licht,

ein Urlaubsphoto,
unscharf und verwackelt,
wie ein Zittern in der Stimme.

Die Stelle, an der ich zurückbleibe
und du weitergehst,
dein neues, fremdes Leben,

Bild mit verlorener Tiefe,
Erinnerung nur von ungefähr.
Du fehlst mir.

Die vielen Male
den Hörer schon in der Hand,
hatte deinen Namen gewählt.

Das Zögern in der Stimme,
ich warte
und sehe dich vor mir.

Ein fliegender Vogel,
eine andere Welt.

Ich hauche deinen Namen an die Scheibe,
fahre mit den Fingern entlang,
Sterne in zersprungenem Glas.

Selbstvergessen, fast automatisch
Berührung der Kälte.
Leere, gedankenverloren.

Die Schrift verblaßt
entlang den Bruchspuren.

Als schmelzender Schnee
liegt der Winter
auf unbestellten Feldern.
Kalter Wind vom Gebirge her.

Der Himmel verhangen
mit dunklen Wolken,
das Licht gebrochen
und gefärbte Schatten.

Die Furchen seltener Wege
queren das Land,
wie Risse im Firniß.

Brach liegt die Zeit.
Unbewohnte Ruhe.
Ein unbewegtes Bild.

ein unbewegtes Bild

Blendung oder Blindheit,
die Welt ist dunkel,
ohne Unterschied.
Stille sinkt auf den Grund.

Ich habe dem Regen zugehört,
den Kopf auf die Arme gelegt,
leise auf dem Fensterbrett.

Die Gedanken haben geschwiegen
und ich habe nur gelauscht,
die einzelnen Tropfen.

neu und neu und neu
ohne Nachklang

die Stiche in der Hand
eingeschlafen

ich habe dem Regen zugehört

Licht legt sich
neben das Laub
am Rande des Weges.

Ein leiser Fluß
durch die brüchigen Schatten.
Strahlender Himmel.

Die durchsichtigen Augen,
die auf mir ruhen,
in meinen Träumen.

Sie wachen über meinen Schlaf,
ein heller, warmer Wind,
beständig und heilsam.

Verwischte Spuren,
wie in Schnee oder Sand.

Jede Hoffnung ein Strahl,
der das Leid zerschnitt.
Eine dunkle Zeit,
ich erinnere mich.

Über den Sternen
streckt sich der Himmel
hinaus in die Tiefe.

Die Nacht ist ohne Farbe,
keine Form,
das Dunkel, unberührt.

Das Licht stößt hindurch,
und trifft nur uns,
uns selbst.

Stiller Himmel in klarer Nacht.
Tausendfach leuchtende Sterne
umgeben sich mit Morgenröte.
Helle. Ein neuer Tag bricht an.

Die Tage werden länger,
wachsen aus der Nacht.
Das Leben erwacht, langsam.

Knospen und erste Blüten,
willkommene Wärme,
Farben und Licht.

Im Schatten ist es noch kalt,
aber das geht vorbei.

Ich bin gerne hier.

Ich unter den Menschen
und weiß doch auch nicht,
gehöre ich dazu?

Wie sie ihre Schritte messen,
ohne Zögern, wie es ihnen geht.
Direkt und kein Zwischen.

Ich suche, das Maß,
verunsichertes Gleichgewicht.

Der Gang der Dinge.
Abseits, auf dem Kiesweg
leise Schritte.

Eine einsame Nacht, ohne viel Schlaf.
Treibende Gedanken
und Spuren in der Dunkelheit.

Farbflecken, eine wechselnde Ampel.
Gelegentliche Autos, vom Fenster aus.
Sehe die Straße entlang, warte.

Spüre langsam die Müdigkeit, jetzt,
die Straßenbeleuchtung, Werbeschriften
und die Regelmäßigkeit der Stille.

Das Dunkel lichtet sich, es regnet leicht,
verlöschen die Lichter der Stadt.
Bin bei dir, ohne zu wissen warum.

eine einsame Nacht, ohne viel Schlaf

Leise berührst du
meine Gedanken,
als hätte ich dich
nicht längst bemerkt.

Daß du hier bist,
bei mir,
und ich bin durchlässig
und unsichtbar.

Ich spüre dich
und meine Bilder, meine Welt
durch dich hindurch.

Mein Herz steht still
und wir schweigen.
Und selbst dann.

Eine Rose zerfällt
zu Duft

immerzu ist keine Ackerlänge
immer ist was den Himmel hält
sagt mir meine Mutter
und ihr schon ihre

Hatte vieles anders gewollt.
Aber so wurde ich nicht.
Meine Grenzen, meine Wünsche,
warum auch.

Vertraut und menschlich
mein Geschick,
zu scheitern,
dich zu verlieren.

Und doch,
mein Scheitern,
mein eigen.
Du warst es mir wert.

Wenn ich etwas halten wollte,
eine Erinnerung, ein letztes Bild,
dann wird es sein
wie Regen auf meiner Haut

der den Sand von den Steinen spült,
kleine Krater in der dunklen Kruste,
die bricht unter unseren Schritten:
Der warme, helle Sand.

Es wird sein
wie Regen auf meiner Haut.

wenn ich etwas halten wollte

Es mag so sein,
so gewesen sein.

Im Unsichtbaren
schwebende Sonnenstrahlen
streifen die Zeit ab.

Wenn die Möwen noch Schatten sind
im anbrechenden Morgen,
aufgeschreckt über dem Strand.
Nasser Sand spiegelt dunkel im Licht.

Kälte unter den Füßen. Kühle des Windes.
Mit der Stille verwobene Geräusche,
angelehnte Klänge in leiser Brandung.
Die Nacht ist versunken im Meer.

Leicht legen sich Farben auf die Dinge,
halbvergessen, flüchtigen Gedanken gleich,
von Augenblick zu Augenblick.

Im Horizont geborgen
die Welt kommender Tage.
Unbesehen beginnt Zukunft.

beginnender Tag

Der Sand zwischen den Zehen
spielt mit den Wellen.
Weiter Strand und leicht
die fließenden Grenzen.

Von Wärme umspült,
versunken bis zu den Knöcheln,
ich trotze der Brandung,
ein Sonnensturm.

Strömendes Licht,
fordert zum Kampf,
lacht ins Gesicht.

Angeschmiegt und flatternd,
den Wind in den Haaren,
Schaumkronen am Rande des Meeres.

Getragen vom Wind,
weit über das Land,
geöffnete Schwingen,
sicher und stark.

Vogel in freiem Flug.

Ein Tag am Meer, das nahe Hotel,
unser Zimmer im Abendlicht.
Der Geruch frischer Laken
und deine Haut dunkler als sonst.

Dein Haar riecht nach Sonne,
deine Haut und Wärme,
Duft und sanfte Berührung.
Aneinandergeschmiegt, ruhig.

Die Fenster sind geöffnet,
ferne Geräusche branden gegen die Decke,
das Muster von Schattenspuren, leichter Wind.

Traurig fast, behutsam
holt der Schlaf uns zu sich, leise,
seine Kinder, für eine Nacht.

ein Tag am Meer, das nahe Hotel

Sei nicht traurig.
Es ist nur ein Traum.

Die Sterne schweigen.
Deine Augen, zärtlich.
Stille wie Samt auf der Haut.

Und der Schlaf kommt
wie ein Lächeln
über deinen Mund.

Glanz kehrt zurück.
Nur noch Dunkel
erinnert sich wie.

Wie das Vergessen
bleibt die Erinnerung,
ein Funkenflug, außerhalb.

Zwischen Schlaf und Tag
verglühende Zeit,
brennen wir selbst.

Sein Gebot ist
eine brennende Rose.

Sein Gesicht steht
am Rande der Zeit.

In seiner Hand
entbirgt sich die Welt.

Schatten zu Schatten,
Schatten zu Licht.

22   aufgelöst

23   noch steht die Zeit

24   was eingeschrieben bleibt

25   gestrandet in der Einsamkeit

26   Sonnenwenden

27   vergebens

28   der Regen, schlägt an das Fenster

29   auf eine Gelegenheit warten

30   gefrorene Tränen, Winter

31   unsere Gefühle, vakuumverpackt

32   vieles, was zurückbleibt

33   Opfer

34   du fehlst mir

35   eine andere Welt

36   die Schrift verblaßt

37   ein unbewegtes Bild

38   Blendung oder Blindheit

39   ich habe dem Regen zugehört

40   Licht legt sich

41   die durchsichtigen Augen

42   ich erinnere mich